AF452885

LA RÉPÉTITION INTERROMPUE,

OU

LE PETIT-MAITRE

MALGRÉ LUI.

OPERA-COMIQUE,

(Par Mrs. Favart et Panard.)

Représenté pour la premiere fois sur le Théâtre de la Foire S. Germain, le 14 Mars 1757.

Et reprise le 3 Février 1758.

Le prix est de 30 sols avec la Musique.

A PARIS,

Chez N. B. DUCHESNE, Libraire, ruë S. Jacques, au-dessous de la Fontaine S. Benoît, au Temple du Goût.

M. DCC. LVIII.

Avec Approbation & Privilége du Roi.

ACTEURS DU PROLOGUE.

Un ACTEUR,	M. LA RUETTE.
LE DIRECTEUR,	M. DELISLE.
ACTRICES,	{ Mlle. ROSALINE. Mlle. DESCHAMPS. Mlle. VINCENT. Mlle. PETITPAS.
UN LAQUAIS,	M. S. AUBERT.

La Scene est sur le Théâtre de l'Opera Comique.

PROLOGUE,

Pour l'Ouverture du Théâtre.

SCENE PREMIERE.

M. LA RUETTE *seul.*

OH ! pour le coup je suis excédé. Je renonce à l'emploi dont notre Directeur m'a chargé. Je ne sçais rien de plus difficile que de former un spectacle au goût du Public.

SCENE II.

LE DIRECTEUR, M. LA RUETTE.

LE DIRECTEUR.

HÉ bien, mon ami, où en sommes nous ?

M. LA RUETTE.

A rien, M. le Directeur ; je quitte la partie.

LE DIRECTEUR.

Pourquoi donc ?

M. LA RUETTE.

Comment voulez-vous qu'en moins de trois semaines on puisse trouver des Acteurs, former des sujets, & préparer des nouveautés. Il falloit vous y prendre il y a six mois.

LE DIRECTEUR.

Six mois ! & il n'y a gueres plus de quinze jours que nous sommes en possession de l'Opera-Comique. Rien n'étoit decidé, & dans l'incertitude on ne pouvoit faire aucuns préparatifs.

M. LA RUETTE.

Cependant le Public est persuadé que vous avez eu du tems de reste.

LE DIRECTEUR.

Voilà ce qui redouble nos craintes. Il seroit à propos de l'informer de notre situation.

PROLOGUE.

Air : *On fait ce qu'on peut.*

Nous avons de son indulgence
Éprouvé cent fois les effets ,
Et je conçois quelqu'espérance.

M. LA RUETTE.

N'esperez qu'après des succès.

LE DIRECTEUR.

Mais en pareille circonstance
On peut bien s'excuser.

M. LA RUETTE.

            D'accord.

LE DIRECTEUR.

On ne réussit pas d'abord.
Vous sçavez que quand on commence
On fait ce qu'on peut
Et non pas ce qu'on veut.

M. LA RUETTE.

Vous avez raison ; mais je doute que l'on reçoive vos excuses.

LE DIRECTEUR.

Ne nous abandonnez donc pas dans ce moment critique. Avez-vous été solliciter les Auteurs ?

M. LA RUETTE.

Oui. Tous m'ont promis monts & merveilles , & chacun doit faire des Opera-Comiques toutes les nuits.

 PROLOGUE.

LE DIRECTEUR.

Qui tomberont tous les jours. J'aime mieux la qualité que la quantité.

M. LA RUETTE.

Vous avez raison.

Air : *Tout roule aujourd'hui dans le monde.*

Autrefois malgré la censure
Un rien devenoit notre appui.
De plus en plus le goût s'épure,
Et pour plaire il faut aujourd'hui
Fine critique sans satire ,
Fonds heureux & joli détail
Et que les Dames puissent rire
Sans le secours de l'éventail.

LE DIRECTEUR.

Je conviens que cela n'est pas aisé. Ah ! mon cher ami , nous avons perdu l'Eté dernier un Auteur qui étoit la plus belle rose de notre chapeau.

M. LA RUETTE.

C'est une perte difficile à réparer.

LE DIRECTEUR.

Nous n'avons que la ressource de le proposer pour exemple à ceux qui voudront courir la même carriere.

M. LA RUETTE.

Voici ce que j'ai déjà dit à plusieurs.

Air : *Vous boudez.*

Obfervez
Et fuivez
Ce modele ;
Comme lui peignez les mœurs,
Prenez de fes couleurs
La teinte naturelle.
Que le trait
Du portrait
Soit fidele ;
Confultez la vérité,
L'art n'a rien mérité
Sans elle.
Ses couplets dont l'harmonie
Au fens eft toujours unie ,
Sont limés
Et rimés
Sans contrainte ,
Ses petits vers mefurés ,
Serrés
Coupés
Frappés
Ont du bon goût ,
En tout,
L'empreinte ;
Uniffant
Le plaifant

A iv

PROLOGUE.

A l'utile,
Il traitoit tous les sujets,
Et selon les objets
Il varioit son stile.
Tout y prend
Different
Caractere ;
·Il n'est point de mauvais ton,
Lorsque l'on a le don
De plaire.

LE DIRECTEUR.

Et qu'ont-ils répondu à cela ?

M. LA RUETTE.

Que l'Auteur du *Suffisant* & de *Nicaise*, cet Auteur que nous regretterons toujours, n'avoit perfectionné ses talens qu'en étudiant le goût du Public, & qu'ils esperoient le même avantage en ne s'écartant point de ce principe.

LE DIRECTEUR.

A la bonne heure. Mais il est tems de commencer notre Répétition. Je vois déjà une partie de nos Acteurs.

SCENE III.

**LE DIRECTEUR, M. LA RUETTE,
Mlle ROSALINE, Mlle DESCHAMPS,
Mlle VINCENT, Mlle PETITPAS.**

LE DIRECTEUR.

TOUT notre monde doit être ici.

Mlle. ROSALINE.

Mlle. Florenville n'eft point encore arrivée.

LE DIRECTEUR.

Cela eft défagréable, elle fe fait toujours attendre.

M. LA RUETTE.

Il y a une bonne raifon pour cela.

LE DIRECTEUR.

Quelle eft-elle ?

M. LA RUETTE.

Hé ! c'eft qu'elle eft jolie.

Mlle. PETITPAS.

Vous avez toujours quelque mauvaife plaifanterie à faire.

LE DIRECTEUR.

Et Mlle. Emilie.

Mlle. PETITPAS.

Elle ne viendra pas ſitôt.

LE DIRECTEUR.

Oh ! pour celle-là, elle n'eſt jamais à ſon devoir.

M. LA RUETTE.

Cela ne doit pas vous étonner.

LE DIRECTEUR.

Pourquoi ?

M. LA RUETTE.

C'eſt qu'elle eſt protégée.

Mlle. PETITPAS.

Hé ! bien, tant mieux pour elle.

LE DIRECTEUR.

Et tant pis pour nous.

M. LA RUETTE.

Oh ! je ne prétends pas la blamer. On ne ſçauroit être à tout.

Mlle. PETITPAS.

Qu'entendez-vous par là.

M. LA RUETTE.

Qu'elle ſeroit bien folle de ſacrifier tous les agrémens de la vie à la ridicule vanité de cultiver ſes talens.

Mlle. PETITPAS.

Courage, Monsieur, courage. J'informerai Emilie de la justice que vous lui rendez.

M. LA RUETTE.

Je m'attends bien à cela. Vous êtes amies.

LE DIRECTEUR.

Laissons cela, je vous prie.

Mlle. PETITPAS.

C'est une fille d'un caractere sociable; qui se prête à tout.

M. LA RUETTE.

D'accord.

Mlle. PETITPAS.

Qui n'a jamais manqué à ce qu'elle doit au Public.

M. LA RUETTE.

C'est la vérité.

Mlle. PETITPAS.

Si elle veut m'en croire, elle vous forcera à lui faire réparation d'honneur.

M. LA RUETTE.

Hom ! cela a furieusement besoin de réparation.

Mlle. PETITPAS.

Continuez, Monsieur.

Mlle. DESCHAMPS.

Hé! bien, sommes-nous ici pour entendre vos dialogues. Je suis au Théâtre depuis huit heures. Quand commencerez vous donc cette belle Répétition ?

LE DIRECTEUR.

Comment ! Mlle. Deschamps a aussi de l'humeur !

Mlle. DESCHAMPS.

Pourquoi non ? Cela est fort permis, je pense.

LE DIRECTEUR.

Quel sujet peut vous en donner ?

Mlle. DESCHAMPS.

L'Auteur a distribué ses rôles singulierement.

LE DIRECTEUR.

Qu'y trouvez-vous à redire ?

Mlle. DESCHAMPS.

Comment, me donner un rôle de mere, à moi !

M. LA RUETTE.

C'est qu'il s'est imaginé que vous aviez de la vocation pour cet emploi.

Mlle. DESCHAMPS.

Ai-je l'air de la mere de Mademoiselle ?

LE DIRECTEUR.

Vous fçavez qu'il faut fe prêter aux circonftances.

Mlle. DESCHAMPS.

Vous conviendrez encore, fans prétendre offenfer Mademoifelle, qu'elle n'eft pas en état de fe charger d'un rôle d'Amoureufe dans une nouveauté. Elle ne connoit point encore notre Théâtre.

Mlle. VINCENT.

Cela eft vrai, Mademoifelle ; mais il faut commencer par quelque chofe. J'efpere que le Public me fçaura gré des efforts que je fais pour lui plaire. Je n'ai point d'autres defirs, & je n'épargnerai rien.....

M. LA RUETTE.

Ah! voilà Mlle. Vincent qui va faire les beaux bras.

Mlle. VINCENT.

Hé! bien, M. de La Ruette, faites la belle jambe, & nous n'aurons rien à nous reprocher.

LE DIRECTEUR.

Vous êtes toujours à vous argoter tous deux. Voyez Mlle. Rofaline, elle eft tranquille.

Mlle. ROSALINE.

Moi ! oh ! je ne dis jamais rien. Je n'au-
rois que trop à dire, si je voulois parler.

LE DIRECTEUR.

Et que diriez vous ?

Mlle. ROSALINE.

Que la Piece que nous allons donner
est détestable.

LE DIRECTEUR.

Sur quoi la condamnez vous ? Vous
n'en avez pas encore entendu la lecture ?

Mlle. ROSALINE.

J'ai vû mon rôle ; c'est assez pour trouver tout l'ouvrage mauvais.

LE DIRECTEUR.

Fort bien. Les Comédiens ne jugent
jamais d'une Piece que relativement à
leurs rôles. Ecoutez seulement l'argu-
ment de celle-ci ; je vais vous le lire.

Mlle. ROSALINE.

Oh ! lisez tant qu'il vous plaira.

LE DIRECTEUR.

Le Petit-Maître malgré lui , Opera-
Comique.

Mlle. ROSALINE.

Je vous arrête là ; c'est un pillage de
tout.

LE DIRECTEUR.

Comment ?

Mlle. ROSALINE.

Le Petit-Maître malgré lui. L'Impertinent malgré lui. Le Medecin malgré lui.
Tout cela doit fe reffembler.

LE DIRECTEUR.

Écoutez de grace.

Mlle. ROSALINE.

Nous écoutons.

LE DIRECTEUR.

Dorval, jeune Avocat, voit en province une jeune Demoifelle dont il de-
vient amoureux.

M. LA RUETTE *à Mlle. Rofaline.*

Voilà un joli petit chien : mord-il.

LE DIRECTEUR.

Dorval pere écrit en faveur de fon fils
à Madame de Clinville, mere de Julie.

M. LA RUETTE.

Mange-t-il des gimblettes.

LE DIRECTEUR.

Madame de Clinville confent au ma-
riage. Elle fait venir à Paris où elle fait fa
réfidence, fa fille & le jeune Dorval pour
les unir.

Mlle. DESCHAMPS *à Mlle. Vincent.*

Vous avez-là une jolie boëte.

LE DIRECTEUR.

Mais sitôt que Dorval paroît devant Madame de Clinville , il a le malheur de lui déplaire , parce qu'il est homme sensé , & que Madame de Clinville emportée par le torrent de la mode , n'aime que les plaisirs tumultueux & frivoles.

Mlle. DESCHAMPS.

A propos , Mlle. Petitpas , envoyez-moi le Tailleur de votre bonne amie ; je voudrois avoir un pantalon comme le sien ; il est d'un goût délicieux.

Mlle. PETITPAS.

N'est-ce pas celui qu'elle avoit l'autre jour quand on la suivit au Palais Royal.

LE DIRECTEUR.

Daignez donc prêter un peu d'attention. Me. de Clinville bannit sur le champ le jeune Avocat de chez elle. Dorval toujours amoureux de Julie , cherche les occasions de renouer avec la mere ; il prend un habit de cavalier ; affecte les airs ridicules d'un Petit-Maître, & plaît à Madame de Clinville. C'est ici où commence l'action théâtrale.

Mlle. ROSALINE.

Mlle. ROSALINE.

Sçavez-vous que la petite Chonchette a des diamans.

Mlle. DESCHAMPS.

Quoi ! son collier & sa prétention, ce n'est encor qu'un filet.

Mlle. ROSALINE.

Cela augmente tous les jours. Les petits ruisseaux font les grandes rivieres.

SCENE IV.

Les Acteurs précédens. UN LAQUAIS.

LE LAQUAIS.

Monsieur.

LE DIRECTEUR.

Qu'est-ce ?

LE LAQUAIS.

Monsieur le Chevalier demande si vous avez reçu la petite Demoiselle figurante qu'il vous a envoyée.

LE DIRECTEUR.

Non, elle ne vaut rien.

LE LAQUAIS.

Mais Mr. le Chevalier s'y intéresse,

B

LE DIRECTEUR.

Ce n'eſt pas ma faute.

LE LAQUAIS.

Mais, Monſieur, il veut qu'elle ſoit reçue.

LE DIRECTEUR.

Elle ne peut pas l'être. Nous l'avons eſſayée dans un ballet ; elle va tout de travers ; c'eſt un enchaînement de faux pas....

LE LAQUAIS *inſolemment*.

Mais, Monſieur, ce n'eſt pas une raiſon.

LE DIRECTEUR.

Comment ! ce n'eſt pas une raiſon !

M. LA RUETTE.

Il parle juſte. On fait tant de faux pas dans le monde, qu'on en peut bien faire ici.

LE DIRECTEUR.

Oh ! parbleu, ſi nous étions obligés de recevoir toutes les petites Demoiſelles qui ſont dans ce cas-là, nous aurions la moitié de la ville pour figurantes.

LE LAQUAIS.

Venez donc lui parler vous-même ; il vous attend là-bas. Il veut que cela ſoit décidé tout à l'heure.

LE DIRECTEUR.

Je vous suis. (*aux Acteurs.*) Continuez de lire , & examinez la Piéce avec attention.

Mlle. ROSALINE.

Nous vous en rendrons bon compte.

M. LA RUETTE *à Mlle. Deschamps.*

Qu'eft-ce que vous avez là dans votre panier à ouvrage ?

Mlle. DESCHAMPS.

C'eft une chanfon que l'on m'a donnée au bal de l'Opera.

Mlle. ROSALINE.

Une chanfon ! Voyons , voyons.

M. LA RUETTE.

Sur quel air ?

Mlle. DESCHAMPS.

Sur l'*Alcefte* , contredanfe nouvelle. Je vais vous la chanter.

Air : *L'Alcefte.*

Un jour Lucas fuivoit Claudine
Dans un bofquet en dandinant ,
Il s'en approche à la fourdine
Et lui fait niche en badinant.
Ah ! Lucas , que faites-vous ?
Lui dit-elle , d'un air doux.

B ij

Vous n'y penſez pas , Lucas.

Lucas , ne badinez pas.

Tien , Claudeine ,

Tatiguenne ,

Je n'aime que toi.

Vous n'aimez que moi ?

Oui jarnigoi.

Ah ! je vous croi.

C'eſt qu'c'eſt tout d'bon.

Finiſſez donc.

Tien , j't'aimai , dès qu'tu vins au village,

D'bout en bout ,

J'allons te conter tout.

Eh ! Lucas , à quoi bon ce langage ?

Et Lucas , ne badinez pas.

Il baiſe la main de Claudine

Qui la retire en ſoupirant ;

Mais plus il folâtre & badine ,

Plus elle a l'air indifferent.

Vous perdez le tems , Lucas ,

Lucas , ne badinez pas.

L'Amour inſtruiſit Lucas ;

Lucas ne badina pas.

SCENE V. & derniere.

Les Acteurs précédens. LE DIRECTEUR.

LE DIRECTEUR.

HÉ ! bien , quel jugement portez-vous de la Piéce ?

Mlle. DESCHAMPS.

Nous venons de l'analyfer ; elle eft déteftable.

Mlle. ROSALINE.

Elle n'aura qu'une répréfentation.

M. LA RUETTE.

Notre Théâtre ne fera pas le feul à qui ce malheur-là fera arrivé.

Mlle. DESCHAMPS.

Faifons notre Répétition ; débarraffons nous bien vîte.

LE DIRECTEUR.

Où eft donc M. Paran ?

M. LA RUETTE.

Il étudie fon rôle dans le foyer.

LE DIRECTEUR.

Il ne faut pas le détourner. Et M. Bouret?

M. LA RUETTE.

Il est à déjeuner dans sa loge ; mais il se trouvera à sa scene. Commençons toujours.

LE DIRECTEUR.

Que l'on emporte les siéges. Répétons sérieusement ; il y aura grand monde à notre répétition, & l'Auteur doit s'y trouver incognito.

M. LA RUETTE.

Ah ! çà, Mlle. Vincent, animez un peu votre jeu, & songez à chanter naturellement.

Mlle. VINCENT.

Allez, allez, Monsieur, songez à vous-même... Je ne peux pas souffrir cet homme-là.

LE DIRECTEUR.

Et vous, songez tous deux que les petits démêlés particuliers vont toujours au détriment général. Si nous ne l'emportons pas sur les autres Théâtres par nos talens, distinguons-nous du moins par la concorde.

FIN DU PROLOGUE.

LA RÉPÉTITION INTERROMPUE,

OPERA-COMIQUE EN UN ACTE.

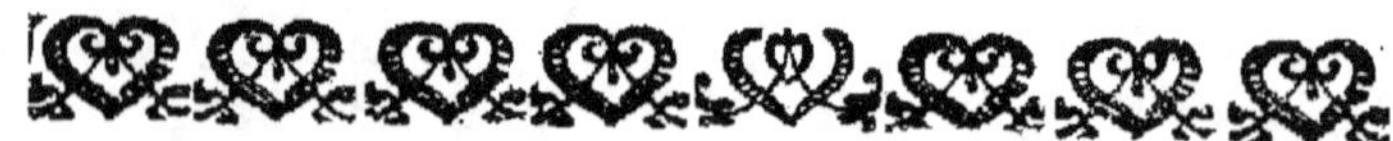

PERSONNAGES.

DORVAL Fils,	M. LA RUETTE.
DORVAL Pere,	M. BOURET.
L'AUTEUR,	M. GOURVILLE.
FRONTIN,	M. PARAN.
LE RÉPÉTITEUR,	M. DELISLE.
LE SOUFLEUR.	
JULIE,	Mlle. VINCENT.
Me. DE CLINVILLE, Mere de Julie,	Mlle. DESCHAMPS.
MARTON,	Mlle. ROSALINE.

La Scene est sur le Théâtre de l'Opera-Comique.

LA RÉPÉTITION
INTERROMPUE,
OPERA-COMIQUE.

SCENE PREMIERE

JULIE, MARTON.

MARTON.

Air. *Cara Betina.* Air noté, Nº. 1.

CHERE Maîtresse,
Quelle tristesse,
Peut vous saisir,
Et vous fait gemir ?
Vous soupirez
Tout bas.
Vous désirez ....

JULIE.

Hélas !

MARTON.

Un doux lien
Vous plairoit....

JULIE.

Rien.

MARTON.

Air noté, n. 2.
Votre chere Mere
Vous excite à plaire,
C'eſt un caractere
Fait pour le plaiſir;
L'étu de profonde
Du ton du grand monde....

JULIE.

Le ton du grand monde
M'ennuye à mourir.

MARTON.

Air. *A mon amour cedez Elvire.*

Le monde eſt l'élément des Belles.
Les Belles en font l'ornement,
On leur rend ce qu'on reçoit d'elles.

JULIE.

Doux propos ſans attachement.....

MARTON.

On cherche en tout l'amuſement.

JULIE.

Dans des riens, dans des bagatelles.

MARTON.

On donne tout à l'agrément;

Et jamais rien au sentiment.

Air : *La Fravoletta.* Air noté, n. 3.

Vers nous on vole ,
D'un air frivole ,
On nous cajole ,
On nous engeole.
Fi des caresses
Qui sont traîtresses.
On dit tout haut :
Elle est sans défaut :
Oui , c'est un Ange ;
Mais tout bas on dit ,
Tout bas on rit ,
Qu'elle est étrange !
Cela se tient droit
D'un air mal-à-droit ;
Sa voix , son geste ,
Son minois ,
Son maintien modeste ,
Tout en est bourgeois.
Un jeune étourdi
Vous encense ,
Et d'un mot hardi
Vous offense.
Ma Souveraine !
Hem ! ma belle Reine !
Hem ! votre langueur
Demande un cœur.
Que l'on soit la dupe
Des Adulateurs ,

Pour moi, je m'occupe
D'objets plus flatteurs.
Le tendre hommage
D'un cœur sans fard,
Plaît davantage
Que tout leur art.
Toutes leurs ardeurs,
Sont des fadeurs;
Et leurs douceurs,
Sont des noirceurs.

MARTON.

Air : *Comme un oiseau.*

Du cloître à peine on vous retire,
On s'étonne, quand on respire
   Un air nouveau,
Hors de cage d'abord troublée,
Vous prendrez bien-tôt la volée
   Comme un oiseau.

JULIE.

Air. *Je ne suis qu'un pauvre Garçon.*

Moi, prendre un si frivole essor !
Que ne suis-je en province encor !
On y voit des êtres pensans
Et des gens de bon sens.

MARTON.

Témoin votre jeune Avocat.

JULIE.

Son amour tendre & délicat
S'exprime avec respect.

MARTON.

Respect ! quel mot suspect !
Quand un Amant s'exprime ainsi ;
Il ne fait pas fortune ici.   *bis.*

Air. *De l'Horoscope accompli.*

Avec l'aveu de votre Mere ,
Ce sage Amant , si bon , si doux,
Envoyé par Monsieur son Pere ,
Venoit pour être votre Epoux.
Qu'il parut froid & ridicule !
Madame en l'écoutant recule.
Il osa nous parler raison ,
Il fut banni de la maison.

JULIE.

Air. *Je vais revoir ma charmante Maîtresse.*

A quels tourmens va-t-on livrer mon ame !
Je veux contraindre en vain ma flamme ,
    Est-il un plus cruel état ,
    O devoir , l'Amour te combat.
    Je n'ai jamais appris à feindre ,
Ah ! quand un feu ne peut s'éteindre ,
    En peut-on cacher l'éclat ?

MARTON.

Air. *Je vais mon train.*

Quel objet se présente !
JULIE.
Ah *!* cachons ma douleur.
                (*Elle sort.*)

SCENE II.

FRONTIN, MARTON.

FRONTIN.

Suite de l'Air : *Je vais mon train.*

EH ! bon jour, ma Charmante,
Je fuis ton ferviteur,
Que je t'embraffe.

MARTON.
Grace.

FRONTIN.

Quoi ! Marton fe défend,
Et fait l'enfant :
Quel mauvais ton !
Marton.
Fi donc,
Mais, mais, fi donc.

MARTON.

Air. *Tambourin de Polimnie.*

Que Frontin eft prefte,
Pefte !
Çà, çà, point de gefte.
FRONTIN.
Laiffe-moi.

MARTON.

Est-ce bien toi ?
Frontin qui s'est fait connoître
Si lourd ,
Si gourd ,
Fait le Petit-Maître ,
Et se met
En galant Plumet !
Je t'ai vû modeste.

FRONTIN.

Zeste ,
Tien , il ne me reste
De bon sens pas plus que là.

MARTON.

Ah !

FRONTIN.

Mon Maître qui cherche à plaire ,
Change aussi de caractere ,
Extravague déjà.

MARTON.

Oui-dà !
Pourquoi prendre des airs si fous ?

FRONTIN.

C'est pour nous rendre dignes de vous.

FRONTIN.

Air. *Que je suis à plaindre en cette débauche !*

Pour être bien-tôt l'Epoux de Julie,
Mon Maître est sur le bon ton ,
Et nous obtiendrons de la folie
Ce que l'on refuse à la raison.

MARTON.

Air. *Daphnis m'aimoit.*

Comment cela ?

FRONTIN.

Monsieur d'Orval,
Ajusté comme une poupée,
Voit Madame Clinville au Bal,
Et cette folle en est frappée,
Il déraisonne si gaiement,
Qu'il plaît d'abord infiniment;
Dès ce moment,
La Maman
Lui sourit,
Le chérit :
Pour se voir
On prend jour,
Et je viens ici, Mamour,
L'annoncer pour faire sa cour.

MARTON.

Air : *Chacun a son ton & son allure.*

Mais Julie . . . .

FRONTIN.

Hé bien !

MARTON.

N'en sçait-elle rien ?

FRONTIN.

Non.

MARTON.

MARTON.

Sur ce point qui l'intéreſſe
Je cours l'avertir.

FRONTIN.

Viens, ma Princeſſe,
Viens-çà, que je te diſe...

MARTON.

Quoi?

FRONTIN.

Oh! ça, ma Petite, ſelon toutes les ap-
parences, les choſes vont s'arranger, &
tu ſens bien auſſi, qu'il faut que nous nous
arrangions.

En honneur, je ſuis fait pour toi,
Ma belle Enfant, regarde-moi.

Que dis-tu de cette tournure, de cette
taille, de cette figure. Hem! hem!

Çà, parle-moi de bonne foi,
Turelure,
Flon, flon, flon,
N'ai-je pas le ton
Et l'allure?

MARTON.

Air. *Entre l'Amour & la Raiſon.*

En ridicules, Mons Frontin,
A déjà fait bien du chemin:
Ses façons ſemblent naturelles.
Qu'il eſt fat!   C

FRONTIN.

Si j'ai réuſſi ,
Parbleu , c'eſt qu'en ce pays-ci
L'on ne manque point de modeles.

Air. *Hélas ! Maman , pardonnez , je vous prie.*

Ma chere Enfant , que le plaiſir nous lie ,
Toujours conduits par la légéreté.

MARTON.

Très-volontiers, mais chaſſons la jalouſie.

FRONTIN.

Soit , aimons-nous comme gens de qualité·

ENSEMBLE.

FRONTIN. } Une Friponne en paroît plus jolie ,
         } Quand elle a fait quelqu'infidélité.

MARTON. } Bon , paſſe-moi quelque friponnerie ,
        } Et je te paſſe l'infidélité.

FRONTIN.

Air. *Iris eſt plus charmante.*

D'honneur , elle eſt charmante.
Pour toi mon feu s'augmente ,
Si tu crois que je mente ,
Eprouve-moi , Marton.
Tu ne cours aucun . . . .

LE SOUFFLEUR.

Riſque.

FRONTIN.

Rifque,

Ceffe de craindre ....

LE SOUFFLEUR.

Puifque.

FRONTIN.

Puifque....

» Soufflez donc, s'il vous plaît.

LE SOUFFLEUR. *Haut.*

Ton cœur au mien répond ...

FRONTIN.

» A-t'on jamais fofflé de la maniere ?
» que le diable te fouffle.

LE SOUFFLEUR *paroiffant hors du trou.*

Vous êtes un impertinent.

FRONTIN.

Et toi, un infolent.

MARTON.

Doucement, doucement.

LE REPETITEUR.

Qu'eft-ce qu'il y a ? Qu'eft-ce qu'il y a ?

FRONTIN.

Il y a que je ne jouerai point, fi vous
n'avez pas un Souffleur plus habile.

LE SOUFFLEUR.

Il y a que je fuis fort las de la façon dont

je suis traité tous les jours par vos Acteurs.

LE REPETITEUR.

Eh ! patience, patience.

LE SOUFFLEUR.

Oh ! je n'en ai que trop de patience, & j'en prends ces Messieurs à témoins.

FRONTIN.

C'est toujours lui qui m'a fait manquer net.

MARTON.

Il est vrai que le Souffleur a tort.

LE SOUFFLEUR.

He bien, ne voilà-t-il pas ? Quand la mémoire de ces Messieurs & de ces Dames leur fait faux bon, c'est toujours au pauvre Souffleur à qui l'on s'en prend.

LE REPETITEUR.

Allons, allons, reprenez la Piéce.

FRONTIN.

Vas, vas, apprendre ton métier. Vas apprendre à lire.

LE SOUFFLEUR.

Et vous, allez apprendre vos Rôles.

LE REPETITEUR.

Encore !

FRONTIN.

Voyez un peu ce Faquin, il te convient bien de me faire de pareils reproches. Eſt-ce qu'un homme comme moi, un premier Acteur, eſt obligé d'apprendre ſes Rôles.

LE REPETITEUR.

Vous avez raiſon.

FRONTIN.

Comme ſi l'on n'avoit que cela à faire.

MARTON.

Sans doute.

FRONTIN.

On voit bien que cet animal-là ne connoît point ſon Théâtre.

LE REPETITEUR.

Vous parlez juſte. Mais continuez. Où en étions-nous.

FRONTIN.

Ma foi, je n'en ſçais rien.

LE REPETITEUR.

Soufflez.

LE SOUFFLEUR.

Oui, oui, ſouffler n'eſt pas jouer.

LE REPETITEUR.

Encore !

C iij

LE SOUFFLEUR.

Suite du Couplet interrompu.

Tu ne cours aucun rifque.
FRONTIN.
Rifque.
LE SOUFFLEUR.
Ceffe de craindre, puifque.....
FRONTIN.
Puifque
Ton cœur au mien répond.
MARTON.
Paix, quelqu'un vient.
FRONTIN.
C'eft mon Maître.
MARTON.
Bon.

SCENE III.

MARTON, FRONTIN, D'ORVAL.

D'ORVAL.

Air. *Hé ! Madame , qu'attendez-vous ?*

POur les visites du matin ,
Ai-je l'air assez libertin ?

MARTON.

Vous êtes bien en Cavalier ;
Mais ce maintien est encor écolier.

D'ORVAL.

Sans frisure ,
Sans parure ,
En chenille
Je m'habille ,
Et mes cheveux nattés ,
Assez mal ajustés ,
Par un peigne sont arrêtés :
Je suis mis dans le goût exquis , .
Qui distingue vos jeunes Marquis.

MARTON.

Il faut pour en mieux approcher
Avoir encor l'air un peu plus Cocher.
Il faut qu'un Marquis s'engonse ,
Et qu'en entrant il s'annonce
Au cliquetis de ses colifichets ,

Et que fa montre étale cent cachets.
Marchez un peu , vous y voilà.
Saluez de cette façon-là.
Bon , vous avez tout l'air d'un fat.
Vous remplirez dignement votre état.

FRONTIN.

Air. *Quand le péril eft agréable.*

Mon Maître & moi fommes émules.
MARTON.
Il vous manque encor des façons.
FRONTIN.
Nous ferons avec tes leçons
Bien-tôt plus ridicules.
D'ORVAL.

Air. *Des talens de Lucas.*

A propos , cher Frontin ,
As-tu ce matin
Paffé chez Martin ?
Dis-moi ton avis
Sur mon vis-à-vis.
Cours avec ardeur
Preffer mon Brodeur.

(*Frontin fort.*)

SCENE IV.

D'ORVAL, MARTON.

D'ORVAL.

Suite de l'Air : *Des Talens de Lucas.*

HÉ bien, Marton,
Réuffira-t-on
  Sur ce ton?

MARTON.

Je vous en répond.
Monfieur l'Avocat
Quitte fon rabat,
C'eft un coup d'état.

DORVAL.

Trop mal récompenfé
D'un amour fenfé ;
Je me vois forcé
De prendre les airs
Et tous les travers
De vos étourdis
  Applaudis.

Air : *Il faut fuivre la mode.*

Fais moi voir Julie à l'inftant.

MARTON.

Il vous faut l'aveu de fa mere.

DORVAL.

Hé bien, avertis la maman.

MARTON.

Oh! Monfieur, elle eft en affaire :
Madame à préfent fait des vers,
Elle a peur qu'on ne l'incommode.

DORVAL.

D'où lui vient ce nouveau travers ?

MARTON.

Il faut fuivre la mode.

Air : *Hélas ! ma cher femme.*

En France l'on contemple
Vingt femmes à talens :
Chacune à leur exemple
Veut être fur les rangs.
Madame lit ,
Compofe , écrit ,
Barbouille.
La fcience & l'efprit
Sont tombés en quenouille.

DORVAL.

Air : *Du Prevôt des Marchands.*
Elle avoit des goûts oppofés.

MARTON.

Ces goûts-là fe font épuifés ,
D'abord tout femble une merveille ;
Mais tout change en un tour de main.
A Paris l'efprit de la veille
N'eft pas l'efprit du lendemain.

Air : *Temple que j'ai bâti en l'air.*

Mais elle vient , préparez-vous.

DORVAL.

Répandons cette effence d'ambre.

SCENE V.

Mlle. DAZINCOURT , Mlle. DES-CHAMPS , M. LA RUETTE , MARTON, LE REPETITEUR.

Mlle. Daʒincourt & Mlle. Defchamps entrent enfemble & chantent ces deux vers.

Bon jour , Dorval. Vous , laiffez-nous.
Marton, paffez dans l'antichambre.

M. LA RUETTE.

Qu'eſt-ce que cela veut dire, deux per-
ſonnes pour jouer le même rôle !

Mlle. DAZINCOURT.

Le rôle m'appartient, il eſt de mon
emploi.

Mlle. DESCHAMPS.

Le rôle m'appartient, l'Auteur me l'a
donné.

Mlle. DAZINCOURT *au Répétiteur.*

Monſieur, ſoutenez le droit de vos
Acteurs.

Mlle. DESCHAMPS.

Soutenez le droit des Auteurs.

Mlle. DAZINCOURT *avec volubilité.*

Les emplois ſont fixés à ce Théâtre-ci
comme aux autres, & tout Acteur ou
Actrice en poſſeſſion, doit s'emparer ex-
cluſivement de tout ce qui lui convient
en dépit des Auteurs, des Acteurs, & du
Public même. Ce n'eſt pas que l'on ſoit
bien flattée de jouer un mauvais rôle dans

une mauvaife Piéce qui n'a ni queue ni tête ; mais il ne fera pas dit que l'on préferera impunément les avantages des Auteurs à mes intérêts. En un mot comme en mille, je n'en démorderai point, & je dévifagerai tous ceux qui me difputeront mes priviléges.

LE REPETITEUR.

Mifericorde !

Mlle. DESCHAMPS.

Hé ! bien , dévifageons-nous ; car je jouerai le rôle.

Mlle. DAZINCOURT.

Vous le jouerez !

Mlle. DESCHAMPS.

Oui , je le jouerai.

M. LA RUETTE.

Courage , courage.

LE REPETITEUR.

Doucement. Un Auteur eft maître de la diftribution de fes rôles.

Mlle. DAZINCOURT.

C'eft-à-dire que nous ferons obligées de faire notre cour à Meffieurs les Auteurs.

Apparemment que Mademoiſelle a déjà mis le nôtre dans le cas de la reconnoiſſance.

Mlle. DESCHAMPS.

Vous ne manquerez pas de reſſource de ce côté là.

LE REPETITEUR.

Ne vous échauffez point. Le rôle que vous vous diſputez, eſt celui d'une ridicule qui ne peut convenir qu'à Mademoiſelle. Laiſſez-la jouer, nous vous dédommagerons de cette complaiſance.

Mlle. DAZINCOURT.

Ah! puiſque vous prenez ſon parti, je n'ai plus rien à dire.

LE REPETITEUR.

J'aime à vous voir raiſonnable.

Mlle. DAZINCOURT.

Oui, oui; qu'elle le joue. Mais vous pouvez compter que la Piéce tombera; car je vais de ce pas faire une cabale contre.

Elle ſort.

LE REPETITEUR.

Attendez donc, attendez donc.

Mlle. DESCHAMPS.

Tranquillifez-vous, Monſieur, j'ai au-

tant d'amis qu'elle peut en avoir ; si elle
fait tomber cette Piéce-ci, je ferai tomber toutes celles où elle paroîtra.

LE REPETITEUR.

Belle confolation ! Je cours après elle
pour l'appaifer. Pourfuivez.

SCENE VI.

Me. DE CLINVILLE, DORVAL, MARTON.

Me. DE CLINVILLE.

Suite de l'air Temple que j'ai bâti en l'air.

à Marton.
BONJOUR Dorval. Vous, laiffez-nous,
Marton, paffez dans l'antichambre.
Si l'on vient, qu'on me faffe avertir.
à Dorval.
Je vous trouve mis à ravir.

DORVAL.

Air : *L'Amour comme Neptune.*

Madame, ici j'arrive
Sur l'aîle des Zéphirs ;
Pour vous voir je me prive
De mille autres plaifirs.

Me. DE CLINVILLE.
Monfieur, j'ai fait une Ode
Qui doit charmer l'univers.
DORVAL.
J'étois de deux concerts.
Me. DE CLINVILLE.
Je fuis folle des vers.
DORVAL.
Loin de vous tout m'incommode.
Me. DE CLINVILLE.
C'eft ma fureur.
DORVAL.
C'eft en honneur.

Air : *La mort pour les malheureux:*

J'ai, Madame, un vrai tréfor.
Me. DE CLINVILLE.
J'ai fait encor.
DORVAL.
Pour mon cabriolet.
Me. DE CLINVILLE.
Certain couplet
Qui je crois, n'eft pas laid.
DORVAL.
Attelage complet
De fix chevaux foupe de lait.
Me. DE CLINVILLE.
Ce font les vers les plus forts.
DORVAL.
J'y mets des ftors.
Me. DE CLINVILLE.
Je les fais fans efforts.

DORVAL.

DORVAL.

Et des reſſorts.

ENSEMBLE.

DORVAL. } Auſſi prompts que l'eclair,
Nous fendrons l'air.

M. DE CLINV. } Moi-même j'ai fait l'air,
Oui j'ai fait l'air.

Me. DE CLINVILLE.

Entendons-nous, mon cher.

DORVAL.

Parlez.

Me. DE CLINVILLE.

Parlez.

ENSEMBLE.

Non, c'eſt à vous à parler.

DORVAL.

Non.

Me. DE CLINVILLE.

Non.

ENSEMBLE.

C'eſt vous troubler.

Me. DE CLINVILLE.

Hé bien !

DORVAL.

Hé bien !

ENSEMBLE.

Monſieur, pourſuivez donc } l'entretien.
Madame, pourſuivez

DORVAL.

Quoi !

Me. DE CLINVILLE.

Quoi !

D

ENSEMBLE.

Je ne dis rien.

Me. DE CLINVILLE.

Parlez.

DORVAL.

Parlez.

ENSEMBLE.

Je vous écoute. Parlez.

DORVAL.

Non.

Me. DE CLINVILLE.

Non.

ENSEMBLE.

Vous le voulez.

DORVAL.

Mes jolis chevaux....

Me. DE CLINVILLE.

De mes vers nouveaux....

DORVAL.

Seront un objet....

Me. DE CLINVILLE.

Voici le sujet....

DORVAL.

Dont l'œil satisfait....

Me. DE CLINVILLE.

L'ouvrage est parfait.

ENSEMBLE.

Je vous réponds de l'effet.

Me. DE CLINVILLE.

Air : *O reguingué*.

Nous ne nous entendrons jamais.

DORVAL.

Pardon, Madame, je me tais.

Me. DE CLINVILLE.

Raisonnons de nos intérêts,
Et nous lirons mes vers après.
Aimez vous bien toujours ma fille ?
Quoiqu'un peu sotte & gentille.

DORVAL.

Air : *Reçois dans ton galetas.*

Madame, elle tient de vous,
Et je la trouve adorable.
Oui, vos attraits....

Me. DE CLINVILLE.

           Ménagez nous.

Il est vrai que je suis passable ;
Mais j'en conviens de bonne foi,
Ma fille est plus jeune que moi.

DORVAL.

Air : *Tout est dit.*

Vous avez trop de modestie.

Me. DE CLINVILLE.

Et vous, Monsieur, trop de bontés.
Vous pouvez prétendre à Julie,
A présent vous la mérités.
En arrivant, vous parutes maussade ;
Car vous n'etiez qu'un bavard
      Ennuyeux, fade,
       Froid, plat,
        Fat.

Air : *Non, je ne ferai pas.*

Ne vous étonnez pas si je vous fus contraire.
J'écrivis en ces mots à Monsieur votre pere :

Monsieur, j'ai vû M. votre fils l'Avocat ; ses mœurs ne me conviennent point,

& fa conduite ne feroit pas honneur à ma
famille. Je retire ma parole.

DORVAL.

O Ciel !

Me. DE CLINVILLE.

Ne craignez rien , je vais tout réparer ,
A l'efpoir le plus doux vous pouvez vous livrer.

Air : *Jupin de grand matin.*

Je veux
Combler vos vœux ;
Mais inftruifez vous
Du devoir des epoux.
Tous les deux
Pour vous rendre heureux ,
Sur le plus grand ton ,
Montez votre Maifon.
Tout époux à préfent
Eft complaifant ;
Madame veut fortir ,
Se divertir ,
Et Monfieur ne doit pas
Suivre fes pas ;
C'eft un foin qui n'eft permis
Qu'aux amis.
Comme nous fommes gens
De qualité ,
Qu'elle ait des diamans
En quantité.

DORVAL.

Oui ; mais on la prendra
Pour quelque fille de l'Opera.

SCENE VII.

Me. DE CLINVILLE , DORVAL , MARTON.

MARTON.

Air : *L'honneur dans un jeune tendron.*

LE Maître d'hôtel , l'Officier,
Un Chanteur , un Artificier
Sont dans la chambre de Madame.

Me. DE CLINVILLE.

C'est pour le souper de ce soir ,
Cher Dorval, vous en ferez l'ame :
Attendez-moi , je vais les voir.

SCENE VIII.

DORVAL.

Air : *Que j'aime mon cher Arlequin !*

DE mon projet je viens à bout ,
Ah ! qu'elle est folle !
Si je recule, je perds tout :
Mon rôle n'est point de mon goût ;
Mais l'Amour m'en console.

SCENE IX.
DORVAL, FRONTIN.

FRONTIN.

Suite de l'air.

AH ! tout est perdu..

DORVAL.
Cher Frontin , qu'as-tu ?

FRONTIN.
Ouf , je perds la parole.

DORVAL.
Air : *Allons donc , jouez , violons.*
Qu'est-ce donc ?

FRONTIN.
Monsieur votre pere
Est contre vous fort en colere.
Il est arrivé ce matin.

DORVAL.
Il est ici ?

FRONTIN.
Le tour est traître.

DORVAL.
Ciel !

FRONTIN.

Il vient de me reconnoître.
Il m'a d'abord pris au collet
Et m'a traité comme un valet.

Moi , je ſuis reſté comme un terme :
Il faut , dit-il , qu'on vous enferme ;
Vous êtes un franc libertin ,
Un fat , un débauché....

DORVAL.

Coquin !

FRONTIN.

Oui , j'oubliois encor ce terme ;
Il vient , ſongez à tenir ferme.

DORVAL.

Quel ſujet le conduit ici ?

FRONTIN.

Oh ! je me ſauve , le voici.

SCENE X.

LE RÉPETITEUR, M. LA RUETTE, M. BOURET.

M. LA RUETTE.

HÉ ! bien , où eſt donc le pere ? M. Bouret ! M. Bouret.

LE REPETITEUR.

M. Bouret ! à votre ſcene.

M. BOURET *ivre.*

Tout à l'heure , tout à l'heure.

LE REPETITEUR.

Ah ! le voilà. Comment , pas encore prêt ?

M. BOURET.

Hé ! bien, qu'eſt-ce ? Meſſieurs, vous êtes bien preſſés ; on n'a pas le tems de s'habiller avec vous.

M. LA RUETTE.

Voilà un homme bien en état de faire un perſonnage.

M. BOURET.

Perſonnage toi-même.

M. LA RUETTE.

Peut-on boire à cet excès ?

M. BOURET.

Oh ! cela eſt faux, par exemple ; preuve que je n'ai point aſſez bû, c'eſt que je ſuis encore altéré comme tous les diables ; mais laiſſez moi jouer ; il faut être à ſon devoir.

LE REPETITEUR.

Heureuſement que ce n'eſt qu'une repetition. Allons, parlez à votre fils d'un ton de pere.

M. BOURET.

Hem !

LE REPETITEUR.

Parlez à votre fils d'un ton de pere.

M. BOURET.

Je ſçais... je ſçais ce que j'ai à faire. Oui d'un ton de pere.

SCENE XI.

DORVAL, *représenté par M.* LA RUETTE;
M. BOURET *faisant le rôle de Pere.*

LE PERE.

Air : *Menuet Polonois.*

MOnsieur mon fils, (Oh) vous voilà donc ?
J'apprends que vous donnez à gauche :
Vous êtes fort (Oh) joli garçon.
Je viens vous mettre à la raison , à la raison.

DORVAL.

Sachez , Monsieur....

LE PERE.

Quel deshonneur !
Quelle débauche !
Quelle horreur !

DORVAL.

Qu'il soit permis....

LE PERE.

Comme il est mis !
C'est une ébauche
De Marquis.

DORVAL.

Sachez enfin....

LE PERE.

Ce libertin
Me deshonore....

DORVAL.

Mais encore....

LE PERE.

Monsieur le fat....

DORVAL.

Oh ! point d'éclat.

LE PERE.

Peut-on paroître en cet état ?
En cet état ?

M. LA RUETTE.

Doucement ; tâchez de vous soutenir.

M. BOURET.

Hem ! qu'est-ce que tu veux soutenir ?

M. LA RUETTE.

Songez à votre rôle.

M. BOURET.

Comment, je suis un drôle !

M. LA RUETTE.

Je dis que vous fongiez à votre rôle.

M. BOURET.

Ah ! c'est different. Quand on me parle
raison, j'écoute. Qu'est-ce que tu dis ?

M. LA RUETTE.

Continuons.

M. BOURET.

C'est bien dit , continuons. Qu'est-ce
que je difois ? moi. Ah ! m'y voilà.

Air :

Tout en vous me choque ,
Mais Monsieur s'en moque.

Fi, voilà du tabac qui ne vaut pas le
diable ; donne m'en du tien.

SCENE XII.

LE REPETITEUR, M. LA RUETTE, M. BOURET.

LE REPETITEUR.

HÉ ! que diantre , Monsieur ; a-t-on jamais répété de la maniere ? L'Auteur vous aura bien de l'obligation de la façon dont vous rendez ses ouvrages.

M. BOURET.

L'Auteur ! l'Auteur ! Oh ! qu'il s'accommode. Voilà encore un plaisant Auteur par ma foi !

SCENE XIII.

L'AUTEUR *se levant d'entre les spectateurs* , LE REPETITEUR , M. BOURET , M. LA RUETTE ,

L'AUTEUR.

QU'appellez-vous, un plaisant Auteur ! Vous êtes vous-même un plaisant visage.

M. BOURET.

Vifage, vifage ! qui eft-ce qui parle-là ?

L'AUTEUR.

Monfieur le Répétiteur , ôtez-lui fon rôle.

M. BOURET.

C'eft, je crois, Monfieur l'Auteur.

L'AUTEUR.

Je vous jure que je ne l'employerai de ma vie.

M. BOURET.

Vous fçavez que j'ai de l'eftime pour votre confideration, & que...quoique j'aye l'honneur d'être Comédien , je refpecte les Auteurs , moi.

L'AUTEUR.

Qu'on le faffe retirer.

M. BOURET.

C'eft qu'il n'y a rien de fi beau que la concorde ; & comme dit un certain Philofophe....

M. LA RUETTE.

Allons , Bouret.

M. BOURET.

Laiffez-moi parler à Monfieur ; c'eft un honnête homme, & quand deux perfonnes de mérite, d'efprit, de talens , de jugement comme lui & moi, font tant que d'avoir l'honneur d'être en conference pour la communication des idées

de leurs penſées, ce n'eſt pas à toi à fou-
rer ton nez dans ce que tu ne comprends
pas. Tu n'as que faire là. Ah !çà, Monſieur....

L'AUTEUR ſur le Théâtre.
Ah !çà, Monſieur.

M. BOURET.
Ah ! je vous croyois là-bas.

L'AUTEUR.
Laiſſez-nous le champ libre.

M. BOURET.
Si je n'ai pas le chant libre, c'eſt un
peu de rhume, cela n'y fait rien.

M. LA RUETTE.
Qui voulez-vous qui répete au lieu de
lui ?

L'AUTEUR.
Moi-même, Monſieur, moi-même.

LE REPETITEUR.
A la bonne heure ; mais vous ne jouerez pas demain le rôle.

M. BOURET.
Le rôle, le rôle eſt fort bon, je le ſou-
tiens tel ; ce n'eſt pas là l'embarras.

M. LA RUETTE.
Il n'y a que lui pour le rendre.

M. BOURET.
Le rendre ! oh ! cela ne ſera point ; il
n'y a perſonne aſſez hardi pour me l'ôter.

Je le jouerai, ou je ne le jouerai pas, cela
n'y fait rien ; mais je ne le cede pas.

L'AUTEUR.

Quel parti faut-il donc prendre ?

M. LA RUETTE.

Ne vous inquiettez pas ; il le jouera.

LE RÉPÉTITEUR.

Engagez-le seulement à vous laisser
répéter à sa place.

L'AUTEUR.

Soit.

M. BOURET.

Oui, c'est bien dit. Qu'on me fasse
place, je veux répéter, moi. Gare, gare.

M. LA RUETTE.

Parlez-lui avec douceur.

L'AUTEUR.

Laissez-moi faire. Morbleu, Monsieur,
si vous étiez capable de vous rendre à la
raison....

M. BOURET.

La raison. Qu'est-ce que ça me fait à
moi que la raison ; quand on a le jugement sain, cela suffit.

L'AUTEUR.

Hé ! que diable !

M. BOURET.

Point de colere. Faites-moi l'honneur
de m'entendre : il est vrai que j'ai bu un
petit coup. Je ne veux point vous le

cacher ; mais fi j'ai bû un petit coup , c'eft pour vos intérêts , Monfieur l'Auteur.

L'AUTEUR.

Pour mes intérêts !

M. BOURET.

Vous fçavez que le proverbe dit : *in vino veritas.*

M. LA RUETTE.

Laiffe-là ton galimathias.

M. BOURET.

Tais-toi , toi , ignorant ; Monfieur m'entend bien.

L'AUTEUR.

Il faut avoir bonne patience.

M. BOURET.

In vino veritas ; fignifie que le bon vin réjouit le cœur de l'homme. N'eft-il pas vrai ?

L'AUTEUR.

A peu près. Hé bien !

M. BOURET.

Hé ! bien ; vous conviendrez qu'il ne faut pas qu'un Acteur d'Opera-Comique foit trifte.

L'AUTEUR.

Hé ! bien.

M. BOURET.

Hé ! bien , pour jouer mon rôle gaiement , je me fuis réjoui le cœur : voilà tout ; c'eft tout fimple.

L'AUTEUR.

Ah çà, mon cher ami, je vois que vous avez pris mon rôle fort à cœur.

M. BOURET.

Oh ! beaucoup.

L'AUTEUR.

Que cela vous a fatigué, altéré.

M. BOURET.

C'est la vérité.

L'AUTEUR.

Et que vous avez besoin de vous rafraîchir.

M. BOURET.

Cela est juste.

L'AUTEUR.

Allez vous reposer un moment dans votre loge.

M. BOURET *d'un ton grave.*

Mais il faut que je répete.

L'AUTEUR.

Je m'en acquitterai pour vous.

M. BOURET.

Ah ! vous êtes fort le maître ; vous pouvez jouer aussi, si bon vous semble ; vous êtes Auteur, vous serez Acteur, & l'on vous sifflera pour deux. Votre serviteur.

Il sort en chantant.

Bacchus, laisse-moi soupirer ;
Amour, laisse-moi boire.

LE

LE REPETITEUR.

Nous en voilà débarrassés.

L'AUTEUR.

Un autre fois faites en sorte que l'on ne
soit pas exposé à de pareils désagrémens.

LE REPETITEUR.

Je vous le promets.   *Il sort.*

L'AUTEUR.

Poursuivons. Je sçais où il faut repren-
dre le rôle.

SCENE XIV.

L'AUTEUR *représentant le Pere ;*
DORVAL *fils.*

L'AUTEUR.

Air : *Que chacun de nous se livre.*

Comment avez vous l'audace
De reparoître en ces lieux ?

DORVAL.

Mais écoutez-moi , de grace.

DORVAL *pere.*

Non , ôtez-vous de mes yeux.
Ah ! la mere de Julie
M'en a trop bien averti.
Oui , grace à votre folie ,
Vous manquez un bon parti.

E

SCENE XV.

Me DE CLINVILLE, DORVAL *Pere*, DORVAL, *Fils*.

Me DE CLINVILLE.

Contredanfe du Diable-à-Quatre.

METTEZ des Magots
Sur mes Cryftaux ,
Que le goût de la Chine
Domine :
Que tout le fervice en foit couvert ,
Les Magots font l'ornement d'un deffert.

Dorval Pere & Me de Clinville
fe font une grande révérence.

DORVAL *pere.*

Je viens tout exprès , Madame ,
Pour parler de nos arrangemens :
Mon fils fera , fur mon ame ,
Bien puni de fes égaremens.

Me DE CLINVILLE *à la Cantonade.*

Que l'on avertiffe pour ce foir
Ce Joueur de Guitarre
Si rare :
Il eft à la mode , il faut l'avoir ;
C'eft à nous à décider fon fçavoir.

DORVAL *pere.*
Mais quand il s'agit d'affaire......

Me DE CLINVILLE. (*bas à Dorval fils.*)

Quel eſt cet Original?
DORVAL *fils.*
Eh, Madame! c'eſt mon Pere.

Me DE CLINVILLE.
Comment ! c'eſt Monſieur Dorval !
(*Elle fait une grande révérence & dit*
à la Cantonade),
Qu'on ferme une loge à l'Opéra,
Je veux voir la Chanteuſe
Fameuſe.
DORVAL *pere.*
Mais, mais quel accueil me fait-on là !
(*à ſon fils*).
Oh ! c'eſt vous qui m'expoſez à cela.
Me DE CLINVILLE.
Air : *Le tout par Nature.*
Vous avez un fils charmant,
Je vous fais mon compliment.
DORVAL *pere.*
Il vous a déplu.

Me DE CLINVILLE.
D'abord.
DORVAL *pere.*
Il eſt inexcuſable.

Me DE CLINVILLE.
Il répare bien ſon tort,
Il eſt adorable.

E ij

DORVAL *pere.*

Air : *Toutes les Meres.*
C'eſt ironie ,
Je le renie ;
Si le fripon
Ne prend un autre ton.

Me DE CLINVILLE.

Moi je l'adopte.

DORVAL *pere.*

Il faut qu'il opte.

Me DE CLINVILLE.

Je ne veux point pour ma fille un Caton.

ENSEMBLE.

DORVAL *pere*
à ſon fils.
{
Suivez mes pas ,
Renoncez à Julie ,
Tant de folie
Ne me convient pas;
}

Me DE CLINV.
{
On ne plaît pas ,
Sans un peu de folie.
Le Sage ennuie ,
J'en fais peu de cas.
}

DORVAL *fils; bas à ſon pere.*

Ah ! vous me perdez.

DORVAL *pere.*
Quoi vous prétendez. . . . .

DORVAL *fils, bas à son pere.*
Monsieur sur ce point
Ne vous allarmez point.
     (*à Madame de Clinville.*
Madame en honneur,
Je fais mon bonheur
    De vous obéir.
(*à son Pere*).
Un mot peut nous trahir.

TOUS TROIS ENSEMBLE.

DORVAL *pere.*
{ C'est un mistere
Que je n'entends guere,
C'est un mistere
Que je n'entends pas.

Me DE CLINV.
{ Ne prenez pas
Pour lui ce ton sévere,
Je le révere,
J'en fais grand cas.

DORVAL *fils.*
{ Cessez, mon pere,
De m'être contraire.
Madame, hélas !
Ne m'abandonnez pas.

Me DE CLINVILLE.

Pour avoir ma fille,
Je veux que l'on brille,
Que l'on soit plaisant,
Léger, vif, amusant.

        E iij

DORVAL *pere.*
Mais un Petit Maître.....

Me DE CLINVILLE.
Eſt comme il faut être.
DORVAL *pere.*
Je ſuis fort ſurpris. .....

Me DE CLINVILLE.
Ma fille eſt à ce prix.
Apprenez le monde,
Sachez que l'on fronde
Les gens de bon ſens.
DORVAL *fils à Me. de Clinville.*
On rit à leurs dépens.

Me DE CLINVILLE.
Prenez mon génie.
DORVAL *fils à ſon pere.*
Flatons ſa manie.
DORVAL *pere à ſon fils.*
Hé! bien, prêtons-nous
Aux caprices des foux.

TOUS TROIS ENSEMBLE.

Dorval pere. { Quoi tout de bon
à Me de Clinv. { Vous lui donnez Julie?
à ſon fils. { Oh! ta folie
{ Eſt une raiſon.

Me de Clinv. { Oui tout de bon
{ Je lui donne Julie
{ Un Sage ennuie
{ Avec ſa raiſon.

DORVAL *fils.* { J'obtiens Julie ;
Mon ame eft ravie,
Mon ame eft ravie.

DORVAL *pere.*

Air : *Les Pierrots.*

Puifqu'il vous plaît, j'en fuis content,
Mais au plûtôt terminons cette affaire.

Me DE CLINVILLE.

(*à la Cantonade*).
Que ma fille vienne à l'inftant ,
Dites lui que Dorval l'attend.
(*à Dorval Pere*).
Paffons tous deux chez mon Notaire.

DORVAL *fils.*

J'obtiens enfin le prix de mes foupirs.

Me DE CLINVILLE.

Nous allons tous au gré de nos defirs
Compter nos jours par nos plaifirs.

Air : *Ah ! voilà la vie.*

Grande compagnie
Tous les jours viendra ,
L'aimable folie
Y préfidera.

Tous trois enfemble.
Ah ! voilà la vie , la vie
Jolie :

E iv

Ah ! voilà la vie
Que l'on menera.

DORVAL *fils*
SECOND COUPLET.
Le matin visite,
Le soir Opera,
Grande chere ensuite,
La nuit on jouera.

TOUS.
Ah ! voilà la vie, *&c.*

Me DE CLINVILLE.

TROISIEME COUPLET.
Trois fois la semaine,
Au Bal on ira,
(*à Dorval pere.*)
Que Monsieur m'y mene :
Il y dansera.

DORVAL *pere.*
Qui, moi ! moi !

Me DE CLINVILLE.
Oui, vous, vous.

TOUS.
Ah ! voilà la vie, *&c.*
(*Madame de Clinville sort en dansant
avec M. Dorval pere*).

SCENE XVI.

DORVAL *fils* , JULIE.

DORVAL.

Air : *Ne v'la-t-il pas que j'aime ?*

Vous allez faire mon bonheur,
Aimons-nous fans contrainte :
Je vous obtiens & mon ardeur
Peut éclater fans crainte.

JULIE.

Air : *La fageffe eft de bien aimer.*

Quel plaifir, quand on s'aime bien,
De pouvoir toujours fe le dire !
Si ton bonheur dépend du mien,
Ton cœur a le bien qu'il defire.
Quel plaifir, quand on aime bien.
De pouvoir toujours fe le dire !

DORVAL.

Air : *A l'envers.*

Je vais jouir d'un fort charmant.

JULIE.

Cher amant....

M. LA RUETTE.

Cher amant ! à quoi bon cette grande cadence ? pourquoi manierer votre chant ? vous n'êtes point ici à l'Opera. Est-ce ainsi qu'une maitresse doit parler à son amant !

Mlle. VINCENT.

Oui, c'est ainsi qu'elle doit parler à un amant fagoté comme vous.

M. LA RUETTE.

Apprenez donc à faire une scene d'amour.

Mlle. VINCENT.

Je ne prends là-dessus conseil de personne.

S C E N E   X V I I.

LE REPETITEUR, DORVAL, JULIE, Mlle. VINCENT, M. LA RUETTE.

LE REPETITEUR.

HÉ ! bien, ne voilà-t-il pas encore que vous vous querellez ?

Mlle. VINCENT.

Je n'ai pas besoin de ses leçons.

M. LA RUETTE.

J'en ai donné à d'autres qui vous va-
loient bien.

Mlle. VINCENT.

Qu'il eſt déplaiſant !

M. LA RUETTE.

Qu'elle eſt mauſſade !

LE REPETITEUR.

Vous vous dites des injures, vous avez
raiſon tous deux ; mais de grace répétez
tranquillement.

DORVAL & JULIE.

D U O. *Du Devin de Village* : A jamais.

> Le bonheur enfin couronne
> Nos tendres amours,
> Suivons-en le cours.
> Mon cœur s'abandonne
> A vous pour toujours. *

Mlle. VINCENT *donne un ſoufflet à M. la Ruette.*

Ahi ! ahi ! j'ai cru qu'il alloit m'empor-
ter le bras.

M. LA RUETTE.

Un ſoufflet ! vous meriteriez....

Mlle. VINCENT.

Jour de Dieu, ne m'approchez pas.

* *Dorval ſe jette aux genoux de Julie, & lui ſerre la*
main de toute ſa force.

SCENE XVIII *& derniere.*

M. PARENT , Mlle. ROSALINE ,
LE REPETITEUR , M. BOURET ,
L'AUTEUR , Mlle. VINCENT, M.
LA RUETTE.

LE REPETITEUR.

QU'EST-CE qu'il y a donc encore?

M. BOURET.

Qu'eſt-ce que c'eſt qu'ça ? qu'eſt-ce que c'eſt qu'ça ?

L'AUTEUR.

Qu'avez-vous donc?

M. LA RUETTE.

Tenez, Monſieur l'Auteur, voilà votre rôle; cherchez un Aĉteur qui veuille jouer avec cette impertinente.

Mlle. VINCENT.

Voilà le mien : cherchez une Aĉtrice qui veuille jouer avec ce faquin-là.

M. BOURET.

On ne dira pas que c'eſt-moi qui trouble la Répétition , par exemple.

L'AUTEUR.

Que le Diable emporte le Théâtre ;

que l'on faſſe de ma Piece tout ce que l'on
voudra. Je ne m'en mêle plus.

Il ſort.

LE REPETITEUR.
Nous voilà dans un bel embarras.
M. LA RUETTE.
Vous allez entendre ſi j'ai tort.
Mlle. VINCENT.
Vous allez juger ſi j'ai raiſon.
M. LA RUETTE.
Il eſt bien étonnant....
Mlle. VINCENT.
Il eſt bien ſingulier....
M. LA RUETTE.
Que l'on ne puiſſe rien dire....
Mlle. VINCENT.
Que l'on ne puiſſe rien faire....
M. LA RUETTE,
Sur le jeu de Mademoiſelle.
Mlle. VINCENT.
Au gré de ce Monſieur-là.
M. LA RUETTE.
Elle a la hardieſſe....
Mlle. VINCENT.
Il a la méchanceté....
M. LA RUETTE.
De me donner un ſoufflet.
Mlle. VINCENT.
De m'arracher la main.

TOUS ENSEMBLE.

M. LA RUETTE.

Mais fi cela vous arrive., je vous trai-
terai de maniere que vous vous en fou-
viendrez longtems.

Mlle. VINCENT.

Si vous avez l'audace de me dire la
moindre chofe , je vous arracherai les
yeux.

M. BOURET *chante.*

Allons , gai , volez , plaifirs , volez , &c.

Mlle. ROSALINE.

Mais en vérité vous n'y penfez pas , on
n'a jamais vû de pareilles chofes.

LE REPETITEUR.

Quel cahos ! ou fuir !

M. BOURET.

Hé ! mes camarades , mes amis , je vais
raccommoder tout cela : il n'y a que moi
qui ai de la tête ici.

Mlle. ROSALINE *au Public.*

Meſſieurs, les contretems dont yous venez d'être témoins, vous offrent l'image des embarras d'une Direction de ſpectacle, & ſurtout d'une direction nouvelle ; mais je compte trop ſur le zele de nos Acteurs pour ne pas vous aſſurer qu'ils vont faire tous leurs efforts pour avoir le bonheur de vous plaire. Il n'eſt point d'obſtacle qui ne cede au deſir de mériter vos ſuffrages. Laiſſez-nous ſortir de ce premier cahos, & nous n'épargnerons rien pour nous rendre dignes de vos bontés.

FABLE.

Un Jardinier prit un quartier de terre
Dans le deſſein d'en former un parterre ;
    On touchoit aux jours du printems,
Et le bouton des fleurs n'attendoit pour éclore
    Que le ſouſle amoureux des vents
    Qui fait tomber les perles de l'aurore.
Le Public en concours vint bientôt viſiter
Le terrein que devoit cultiver le fleuriſte.
    Il travailloit d'un air rêveur & triſte :
Eh ! Meſſieurs, leur dit-il, j'ai beau me tourmenter,
Je ne puis à préſent répondre à vos demandes,
A peine ai-je eu le tems de ſemer, de greffer,
    De retourner ces plates-bandes ;

Il faut que le foleil vienne les échauffer.
Ne me jugez que fur ma peine ,
J'ai recours à votre bonté ;
Daignez attendre à la faifon prochaine :
Peut-être il nous viendra des fleurs pour cet Été.

Air : *La nuit quand j'penfe à Jeannette.*

Meffieurs , à vous fatisfaire
On va mettre tous fes foins ,
Des efforts que l'on va faire
Chaque jour foyez témoins.
Il faut que votre préfence
Encourage nos effais ;
Et c'eft de votre indulgence
Que dépendront nos fuccès.

LA REPETITION.

INTERROMPUE,

OPERA-COMIQUE.

F

N° 3.

VErs nous on vo- le, D'un air
fri- vole, On nous ca- jo- le, On
nous en- jole. Fi des ca-ref- fes Qui
font traî- tref- fes. On dit tout haut: Elle
eft fans dé- faut: Oui, c'eft un Ange ; Mais
tout bas on rit, Mais tout bas on dit : Qu'elle
eft é- trange ! Ce- la fe tient droit D'un

air mal-adroit. Sa voix, son geste, Et son mi-
nois, Son maintien mo-deste, Tout en est bourgeois. Un jeune étour-di Vous en-
cen- se, Et d'un ton hardi Vous of- fen-
se, Ma Souve- rai- ne, Ma belle Reine! Vo- tre langueur Demande un
cœur. Que l'on soit la du-pe De tous ces con-

F ij

teurs, Pour moi je m'oc- cupe D'objets plus flat-

teurs. Le tendre homma- ge D'un cœur sans

fard, Plaît d'a-van- ta- ge Que tout leur

art. Toutes leurs ar- deurs Sont des fa- deurs, Et

leurs dou-ceurs Sont des noir- ceurs.

Nᵉ 4.

Mettés des Magots fur mes cryftaux.

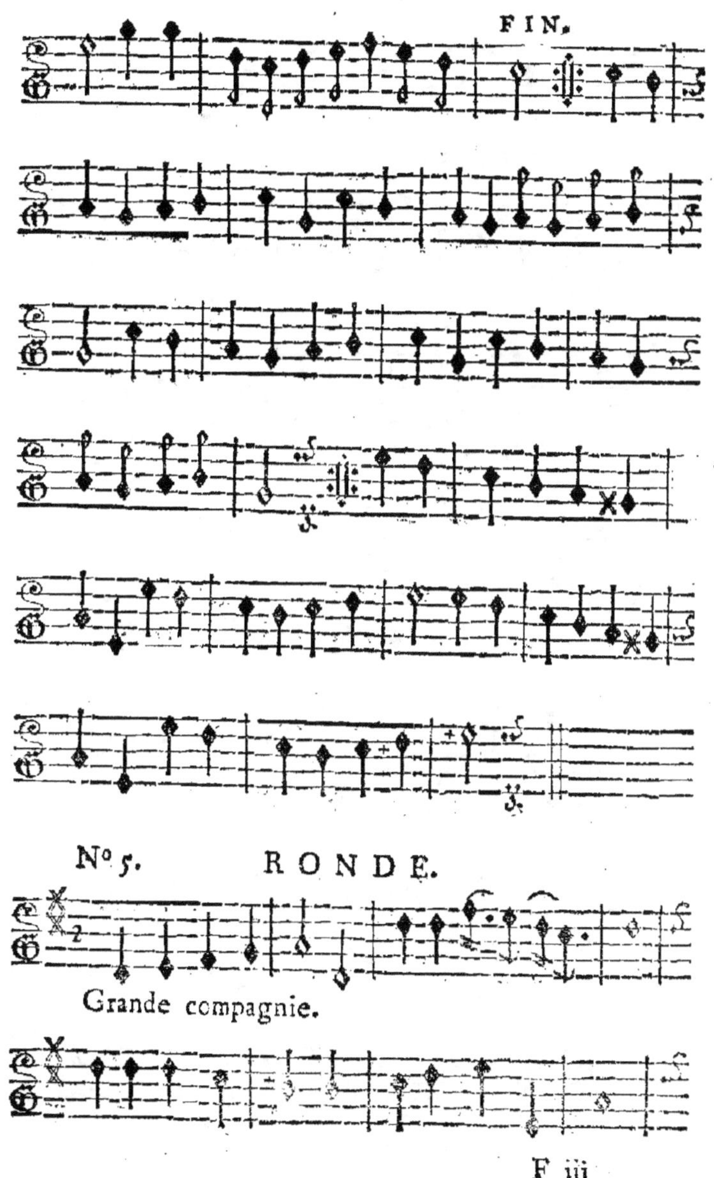
FIN.
Nº 5.
RONDE.
Grande compagnie.

TOUS.

Ah ! voilà la vie.
N.º 6.
QUel plai- fir , quand on s'aime   bien ,
De pouvoir tou-jours fe le di-   re ! Quel plai-
fir, quand on s'ai-me   bien, De pouvoir tou-
jours fe le di-   re ! Si ton bonheur dé-
pend   du-mien Ton cœur a le   bien

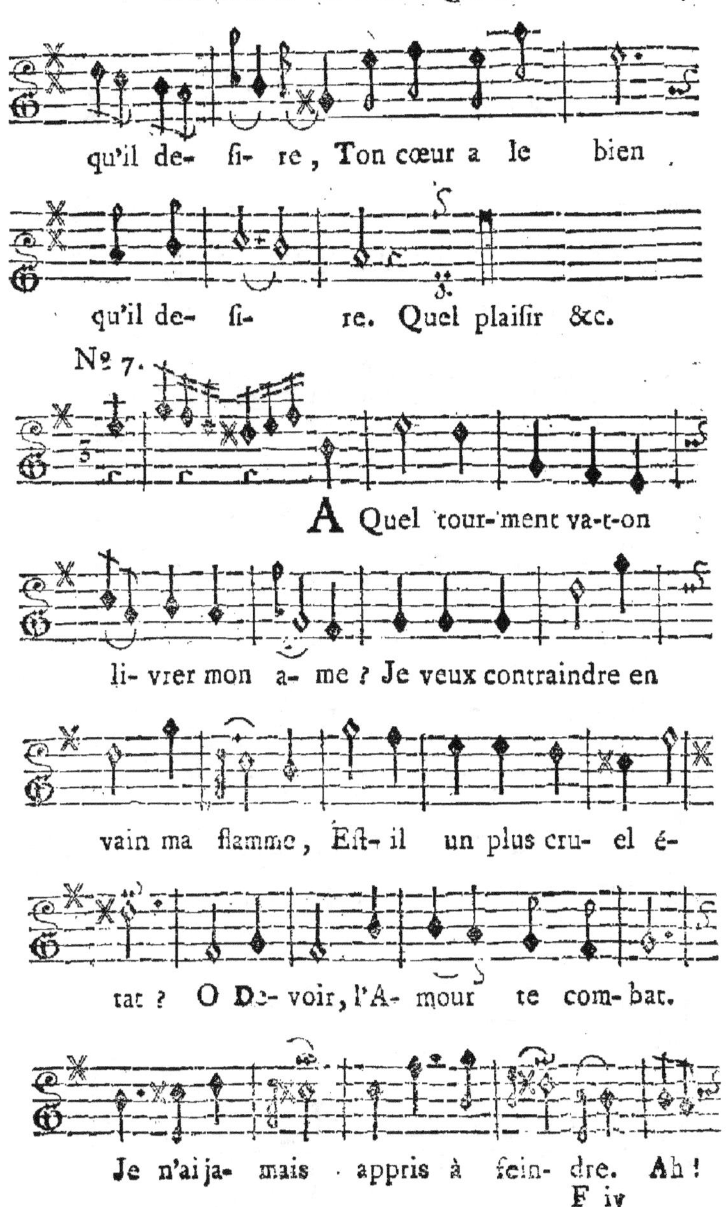
qu'il de- fi- re, Ton cœur a le bien
qu'il de- fi- re. Quel plaifir &c.
Nº 7.
A Quel tour-ment va-t-on
li- vrer mon a- me ? Je veux contraindre en
vain ma flamme, Eſt- il un plus cru- el é-
tat ? O De- voir, l'A- mour te com-bat.
Je n'ai ja- mais appris à fein- dre. Ah !

F iv

quand un feu ne peut s'é- tein- dre,
En peut on ca- cher l'é- clat? Ah!
quand un feu ne peut s'é- tein- dre,
En peut on ca- cher l'é- clat?
DUO.
LE bon-heur en- fin cou- ron- ne Nos
tendres a- mours, Sui- vons en le cours;

LE bon-heur en-fin cou-ron-ne Nos
Sui-vons en le cours, Sui-
tendres a-mours, Sui-vons en le
vons en le cours.
cours.
Mon cœur s'a-ban-donne A
Mon cœur s'a-ban-
vous pour tou-jours,

don- ne, Mon cœur s'a-ban- donne A
- Mon cœur s'aban- donne A
vous pour toujours, Mon cœur s'aban- donne A
vous pour tou-jours, Mour cœur s'aban- donne A
vous pour tou-jours , A vous pour tou-
vous pour tou- jours , A vous pour toujours , A vous pour tou-jours.
jours , A vous pour tou- jours.

Le bon-heur en- fin cou- ronne Nos
ten- dres a-mours, Sui- vons en le
cours,   Sui-
Le bon- heur en- fin cou- ronne Nos
vons en le cours, Mon cœur s'aban-
tendres a- mours,   Sui-

don- ne A vous pour tou-jours , Mon
vous , fui- vons en le cours , Mon
cœur s'aban- donne A vous pour tou- jours.
cœur s'aban- donne A vous pour tou- jours
Majeur.   Le bon- heur en-
Le bon- heur en fin cou- ronne , cou-
fin cou- ron- ne Nos tendres a-
ron- ne Nos ten- dres a-

mours , Mon cœur s'aban- don- ne A
mours , Mon cœur s'a-ban- don- ne A
vous pour toujours, Mon cœur s'aban- donne A
vous pour tou-jours, Mon cœur s'aban- donne A
vous pour toujours ,   A vous pour tou-
vous pour tou- jours ,   A vous pour toujours ,   A vous   pour   tou- jours.
jours ,   A vous   pour   tou- jours.

APPROBATION.

J'A I lû par ordre de Monseigneur le Chancelier, *La Répétition interrompue, Opera-comique*, & je crois que l'on peut en permettre la représentation & l'impression. A Paris, ce 20 Février 1758.

C R E B I L L O N.

Le Privilége & l'Enregistrement se trouvent à la fin du tome 3e. du Nouveau Recueil des Piéces représentées sur le Théâtre de l'Opera-Comique depuis son rétablissement.

La Famille, Comédie.
Les Acteur déplacés Comédie.

DE DIFFERENS AUTEURS in-8.

Le Troque, Parodie des Troqueurs avec la Musique, 3 l. 12 f.
L'Amante retrouvée, Opéra.
Les quatre Mariannes, Opéra.
Les Pelerins de la Méque , Opéra.
La Magie inutile.
L'heureux Evenement.
Le Retour du Printems.
La Guirlande , Opéra Comique.

PIECES DE'TACHE'E S , in-8.

Le Retour favorable.
La Rose ou les Fêtes de l'hymen.
Le Miroir Magique.
Le Rossignol , avec la Musique.
Le Monde renversé.
Le Calendrier des Vieillards.
La Coupe enchantée.
Les Filles , Opéra-Comique.
Le Plaisir & l'innocence.
Les Boulevards.
L'Ecole des Tuteurs.
Zéphire & Flore.
Bertolde à la Ville , avec les Arriettes.
La Péruvienne.
Le Chinois poli en France.
Les Fra-Maçonnes.
L'impromptu des Harangéres.
La Bohémienne , Parodie , avec la Musique.
Les Amours Grenadiers.
Les Amans trompés , Opéra-Comique.
La fausse Aventuriere.
Le Diable à quatre , avec les Arriettes.
Le Peintre amoureux de son modele.
Le Faux Dervis , Opéra Comique.
Le Quartier Genéral , Opéra-Comique.
Le Nouvelliste , Opéra-Comique.
Le Docteur Sangrado , Opéra-Comique